AF250872

LE

COMTE DE CHAMBORD

Paris. — E. de Soye et Fils, imp., pl. du Panthéon, 5.

B. BOUNIOL

LE
COMTE DE CHAMBORD
PORTRAIT VÉRITABLE

SUIVI D'UN MOT SUR

LA RÉPUBLIQUE

PARIS

VICTOR PALMÉ, LIBRAIRE-ÉDITEUR
25, RUE DE GRENELLE SAINT-GERMAIN.

1873

LE
COMTE DE CHAMBORD

I

L'an dernier, au mois de novembre, nous avons publié une étude que, dans les circonstances actuelles, on juge utile de reproduire en brochure comme répondant à la préoccupation générale. En effet, l'heureux acte de réconciliation des deux branches de la maison de Bourbon, résultant de la démarche faite à son très-grand honneur par Mgr le comte de Paris, d'accord au reste avec tous les membres de sa famille, cet acte est un fait d'une portée considérable et qui crée une situation toute nouvelle. La preuve en est dans la satisfaction éprouvée par tous les vrais honnêtes gens dont le patriotisme fait passer l'intérêt de la France avant tout autre, comme dans le dépit, la colère, la fureur des hommes de parti, déçus dans

leurs convoitises, et qui s'emportent à de si in-
croyables et honteuses violences de polémique.

Tout en dédaignant de relever ces viles atta-
ques, il importe de prémunir contre elles l'opinion publique sincère, et, plus que jamais,
de faire bien connaître Celui que Mgr le
comte de Paris, dans son noble langage, saluait
comme le chef auguste de la maison de Bourbon, et le seul représentant du principe monar-
chique en France.

II

... D'après ce qui nous revient de divers côtés,
notre article sur le livre de M. Yriarte, les
Princes d'Orléans, accueilli en général avec
faveur, a été pour certains lecteurs, un sujet
d'étonnement, de contrariété même. Il en est
résulté des observations qui sont la meilleure
preuve de l'impartialité comme de la mesure
apportée dans nos jugements. La chose d'ailleurs était facile ; je n'appartiens à aucun des
anciens partis, et la règle de ma conduite, dans
cette circonstance, a été surtout et avant tout
l'intérêt du pays, de cette France que nous ai-
mons d'un amour d'autant plus passionné qu'elle
est aujourd'hui plus malheureuse.

Par les influences de notre berceau, toujours si puissantes, par notre premier milieu, comme par la nature de nos études, en partie du moins, nous n'étions pas légitimiste et bien moins encore orléaniste. Mais l'Empire renversé et succombant fatalement, après une période glorieuse, par l'accumulation de ses fautes, dont la plus grande avait été sa condescendance pour la Révolution qu'il avait surtout mission de combattre ; l'Empire tombé au lendemain de Sedan, qui fut un Waterloo sans gloire, il nous avait paru, comme à M. Hervé, qui l'a si bien dit, que le salut de la France était dans l'accord des deux branches de la maison de Bourbon, *et qu'il n'était que là.* Nous avons donc cru de notre devoir de l'affirmer à notre tour et de faire écho à ces excellentes paroles, en déplorant, dans l'amertume de nos regrets, que, par des influences malheureuses, qui sait lesquelles ? cette combinaison indiquée, voulue par le pays lui-même, n'eût pu encore aboutir.

A ce sujet, des observations, et de côtés opposés, nous sont parvenues. Pour les uns, nous avons été trop discret dans notre appréciation de la conduite des princes d'Orléans. D'autres, au contraire, auraient préféré notre silence sur ce point.

Certains aussi nous blâment du peu d'enthousiasme témoigné par nous pour la République dite *conservatrice* chantée sur le mode lyrique par MM. Laboulaye et Périer, et s'incarnant provisoirement (1872) dans la personne de M. Thiers. Pour ces messieurs, nous avons le tort, tort que nous partageons d'ailleurs avec l'éminent publiciste du *Journal de Paris*, de ne pas croire à la durée indéfinie de ce régime, qui n'est qu'une transition et point une institution, et le résultat fortuit de circonstances exceptionnelles. Enfin quelques-uns, souriant d'un certain sourire, trouvent que nous avons beaucoup accentué ce qu'ils appellent nos compliments à l'adresse de Mgr le comte de Chambord, alors que nous nous reprochions, nous, d'avoir été trop bref et presque banal.

Tel n'est point l'avis des discoureurs qui nous disent : « Vraiment, à vous lire et d'après ce ton si affirmatif, on croirait que, comme M. Yriarte, vous avez les mains pleines de documents, et qu'à l'appui de vos déclarations, vous pourriez nous dérouler toute une biographie.

— Eh ! pourquoi non ? Puisque nous sommes amené sur ce terrain, nous n'avons pas crainte d'y rester. Nous devons à des circonstances particulières et heureuses, à des communications qui nous offrent une absolue garantie, la connaissance de détails très-intéressants concernant Mgr le comte de Chambord, détails peu ou point connus en France, où *l'on ignore surtout ce qu'il faudrait savoir*, mais qui sont de notoriété publique en Autriche, à Vienne en particulier. Malgré nos répugnances pour le rôle de reporter politique, qui nous donnerait un air de panégyriste, il nous a paru qu'il y aurait conscience peut-être à garder le silence, à ne pas dire tout haut, simplement, mais franchement, ce que nous savions, et qui montre sous son véritable aspect le prince dont Lamartine, il y a bien des années, saluait la naissance par ces magnifiques vers aujourd'hui trop oubliés :

Le monde attend une parole,
La terre a besoin d'un héros !
Courage ! c'est ainsi qu'ils naissent,
C'est ainsi que dans sa bonté
Un Dieu les sème ! Ils apparaissent
Sur des jours de stérilité,

. . . .

Sourd aux leçons efféminées
Dont le siècle aime à les nourrir,
Il saura que les destinées
Font roi pour régner ou mourir ;
Que des vieux héros de sa race
Le premier titre fut l'audace,
Et le premier trône un pavois.

. . . .

Il saura qu'aux jours où nous sommes,
Pour vieillir au trône des rois,
Il faut montrer aux yeux des hommes
Ses vertus auprès de ses droits ;
Qu'assis à ce degré suprême
Il faut s'y défendre soi-même
Comme les dieux sur leurs autels ;
Rappeler en tout leur image
Et faire adorer le nuage
Qui les sépare des mortels (1).

Osons dire, sans crainte de démentis, que l'enfant chanté par le poëte des *Méditations*, devenu un homme, n'a pas trompé les espérances de la Muse, et qu'il n'a pas tenu à lui que la prophétie devînt une réalité. En voici les preuves :

Nous ne faisons pas une biographie développée, notre cadre ne le comporte point ; mais il suffira de quelques traits, de quelques détails pour faire apprécier, comme ils le méritent, le caractère et les sentiments de l'auguste prince béni à Frohsdorff comme à Chambord pour les sollicitudes de son inépuisable bienfaisance.

Pour ne citer qu'un fait, disons que, dans les deux localités, en outre des secours prodigués

(1) Premières Méditations : *La Naissance du duc de Bordeaux.*

aux malades comme aux indigents, des pharmacies gratuites ont été établies, des écoles fondées au même titre pour les enfants des deux sexes, qui y affluent de tous les alentours. A Chambord, dans les temps difficiles, par l'ordre du Prince, des ateliers sont toujours ouverts pour les ouvriers sans travail. Un lavoir public a été construit à ses frais, de même qu'il a pris à sa charge volontairement l'entretien de plusieurs routes vicinales et départementales qui traversent le domaine. On comprend ainsi la reconnaissance des populations dont elles ont donné plus d'une preuve. Il y a quelques années, le feu s'étant déclaré dans la forêt, les habitants de douze communes arrivèrent spontanément pour combattre l'incendie.

Mgr le comte de Chambord disait, l'an dernier, à l'un de ses pupilles, fils de sa sœur, feu la duchesse de Parme :

« Nous devons, mon cher enfant, sur toutes choses, songer à faire honneur aux charges que le rang et la position nous imposent. Pour cela, *il nous faut dépenser* pour nous *le moins possible*, et *le plus possible* pour les autres.

Sous ce rapport Monseigneur prêche d'exemple.

Ses charités et ses générosités, annuelles ou passagères, étonnent quand on sait le chiffre de ses revenus. Aussi ne suffirait-il point à ses lourdes charges, volontaires d'ailleurs, sans la prudente administration de sa fortune et la sévère, la stricte économie qui préside à toutes ses dépenses personnelles ou qui sembleraient de luxe.

Par suite de la mauvaise administration et des spéculations malheureuses de son mari morganatique, Mme la duchesse de Berry s'était vue peu à peu dépouillée de toute sa fortune et grevée d'une énorme dette dépassant *six* millions.

Mgr le comte de Chambord, au moment même de la révélation subite de ce désastre, déclara sans la moindre hésitation, avec une générosité vraiment royale, que les créanciers, en grand nombre, banquiers et autres, ne perdraient rien et qu'il prenait toute la dette à sa charge. Mais avec ses revenus bornés, c'était là un terrible fardeau. Aussi, quand cette résolution fut connue, plusieurs des personnes qui, à des titres divers, reçoivent des pensions, par une touchante délicatesse, écrivirent pour déclarer que, dans la situation nouvelle faite au Prince, il ne leur semblait pas possible de continuer à jouir de ses bienfaits.

— Non pas, non, répondit Monseigneur, il n'en saurait être ainsi. Cette discrétion honore nos protégés ; mais nul d'entre eux ne doit souffrir à cause de nous, ni subir le contre-coup de nos malheurs. Ce n'est point sur les secours donnés à d'anciens serviteurs ou à de nobles infortunes que peuvent porter les économies. On avisera à d'autres moyens, et d'abord en diminuant les dépenses du château.

Le Prince, en effet, ordonna de notables réductions dans ses écuries, sa table pourtant peu luxueuse, etc. ; mais en dépit de ces mesures, comme il ne voulait rien diminuer de ses générosités annuelles, le paiement de la dette en question absorba presque en entier l'héritage qui lui venait de son père, c'est-à-dire le produit de la vente des forêts de Champagne arrachées, après un procès qui dura vingt ans, aux convoitises du domaine, grâce à la haute indépendance de la Cour de Dijon et à l'éloquence de Berryer. Nous nous abstenons de mentionner d'autres et sérieux sacrifices, ayant pour but de satisfaire les vœux de la tendresse maternelle de Mme la duchesse de Berry pour sa seconde famille.

Aussi l'on comprend que Mgr le comte de Chambord soit cité et honoré en Autriche, à la cour de Vienne en particulier, comme un modèle de piété filiale. Malgré les détails précis à notre connaissance, on s'expliquera la juste réserve qui ne nous permet pas d'insister sur ce sujet.

Les ennemis de Monseigneur comptant, et pas
à tort, hélas ! sur la crédulité des sots et l'into-
lérance fanatique des ignares qui se qualifient
libres-penseurs, exploitent contre lui, non sans
succès, on le sait, en la dépeignant sous les
plus fausses couleurs, sa piété si franche, mais
non moins éclairée que sincère. « Le Prince,
nous disait-on à ce sujet, fait tout ce que tout
honnête homme, tout chrétien convaincu doit
faire : il pratique, sans ostentation comme sans
respect humain, mais d'ailleurs laissant aux
autres la liberté dont il use pour lui-même. Bien
loin de vouloir exercer l'ombre d'une pression
sur la conscience de personne, il serait aux regrets qu'on fît comme lui, seulement en vue de
lui plaire. Ce serait le plus mauvais moyen as-
surément pour gagner ses bonnes grâces ; car il
verrait clair bien vite dans le jeu de l'hypo-
crite. »

D'une grande simplicité dans ses habitudes,
prompt à s'accommoder aux circonstances, en
voyage et ailleurs, Monseigneur est bien sous ce
rapport comme sous tant d'autres, le descen-
dant du Béarnais. Le pourpoint usé et rapiécé
de celui-ci, en temps de guerre, non plus que le
dîner plus que frugal ne lui feraient pas peur.

« *L'exactitude est la politesse des rois.* » Le
Prince a fait sienne cette maxime qu'on prête à

son aïeul. Jamais il ne fait attendre ; jamais le plaisir de la promenade ou l'entraînement de la chasse ne lui font oublier, s'il a promis, qu'on l'attend à telle ou telle heure pour le travail ou pour une audience.

A sa rare bienveillance, à la plus aimable bonté, Monseigneur joint d'ailleurs la fermeté du caractère. La meilleure preuve en est dans la résolution inébranlable avec laquelle il a maintenu, en dépit de toutes les sollicitations et même obsessions, sa ligne de conduite, se refusant persévéramment à toute concession qui touche aux principes. Il se montre, lui si conciliant pour les personnes, inflexible quant aux règles essentielles de la bonne politique, nécessaires, à son avis, pour raffermir la société sur ses bases, et, en donnant la paix sérieuse au-dedans, honorable au dehors, assurer au grand nombre la plus grande somme de bonheur possible.

Cette tâche sainte et glorieuse à accomplir, tout ce bien à faire, tel est, d'après ce que nous savons, l'unique mobile du Prince dans la persistance de sa revendication. Voilà, malgré sa grande abnégation personnelle et le sincère oubli de lui-même, le motif qui ne lui permit pas de prêter l'oreille à certaines insinuations, à des conseils pas toujours désintéressés peut-être, qui le conviaient naguère aux douceurs de la vie privée comme à l'honneur d'un beau sacrifice, on sait lequel. Mais peut-on abdiquer un droit quand il implique un grand devoir?

Mgr le comte de Chambord, solidement instruit, d'une intelligence élevée et forte autant que son cœur est droit, se plaît aux lectures sérieuses, et tout beau et bon livre apporté de France, d'Angleterre, d'Italie, d'Allemagne est le bien-venu sur son bureau. Lui, dont la ferme raison s'est ainsi mûrie et fortifiée par l'étude et la réflexion, comme par les douloureuses épreuves ; lui qui s'honore dans la vie privée par de nobles vertus, qui n'a pas fléchi sous les coups de l'adversité non plus que sous le poids d'une illustration tant de fois séculaire, serait, nous pouvons le croire, à la hauteur de nouveaux et plus grands devoirs. Il donnerait à la France, dans des temps si difficiles, un roi digne de ce nom, et avec lequel, tout naturellement, sans peut-être qu'il fût besoin de tirer l'épée, notre bien-aimée patrie redeviendrait elle-même et reprendrait sa légitime prépondérance dans les conseils de l'Europe.

Et tant de gens ne le comprennent pas !... ne le voient pas, grâce à ce triple bandeau d'ignorance, de parti pris, de haine que la Pénélope révolutionnaire, infatigable dans son œuvre maudite, ramène et épaissit incessamment sur leurs yeux.

Ce qui ne semble pas moins incompréhensible, c'est que, pour l'aider à sa tâche infernale, la mégère compte entre ses principaux et plus zélés ouvriers celui qui fut longtemps l'admirable poëte que l'on sait et qui, comme Lamartine, dont il était l'émule et l'ami, saluait « l'Enfant du Miracle » par des vers répétés par tous les échos. Oh ! l'heureux temps que celui où la France, presque radieuse sous ses voiles de deuil, en tressaillant d'enthousiasme, battait des mains à ces merveilleux accents, et se consolait et s'exaltait par de si sublimes espérances, hélas ! trop peu réalisées !

Honneur au rejeton qui deviendra la tige !
Henri, nouveau Joas, sauvé par un prodige,
A l'ombre de l'autel croîtra vainqueur du sort.
Un jour, de ses vertus notre France embellie,
    A ses sœurs comme Cornélie,
Dira : « Voilà mon fils, c'est mon plus beau trésor ! » (1).

Peuples, ne doutez pas ! Chantez votre victoire !
Un sauveur naît, vêtu de puissance et de gloire ;
Il réunit le glaive et le sceptre en faisceau ;
Des leçons du malheur naîtront des jours prospères,

(1) Odes et Ballades, *La Naissance du duc de Bordeaux*.

BIBLIOTHÈQUE NATIONALE — IMPRIMÉS

Car de soixante rois, ses pères,
Les ombres sans cercueils veillent sur son berceau,

Son nom seul a calmé nos tempêtes civiles,
Ainsi qu'un bouclier il a couvert nos villes,
La révolte et la haine ont déserté nos murs (1).

Ainsi parlait Victor Hugo !

Quel langage ! Et pourtant, si la France aujourd'hui encore voulait, ce ne serait pas là seulement de la poésie, mais bientôt de l'histoire, une histoire qui serait la joie et l'orgueil des contemporains, et dont la postérité la plus reculée s'enthousiasmerait comme d'une splendide épopée.

III

Maintenant, pour ne pas abuser de la patience du lecteur, quelques mots seulement en réponse à ceux qui, partageant les illusions de MM. tels et tels, s'étonnent et même s'irritent que notre opinion soit différente. Mais pour penser ainsi, il suffit de connaître les faits principaux de l'histoire contemporaine et en particulier des trois

(1) Odes et Ballades : *Le Baptême du duc de Bordeaux.*

ères ou hégires républicaines. On sait l'une après l'autre ce qu'elles nous ont valu, et n'est-on pas forcé, par les lumières du simple bon sens et les résultats de l'expérience, d'avouer que la République, la seule au moins digne de ce nom, est incompatible avec nos traditions, nos mœurs, notre tempérament? Car d'une république, honnête et modérée, on tomberait promptement, inévitablement dans le chaos sanglant des saturnales démagogiques, qui nous ramèneraient, et jamais assez tôt, à la dictature du sabre.

Nous avons prononcé plus haut le mot d'*expérience*. Mais il est de mode aujourd'hui, comme on sait, de prétendre que jamais, en France, l'expérience de la République, autrement dit l'*essai loyal*, n'a été fait. Pareille affirmation, contredite longtemps à l'avance par M. Thiers dans un passage célèbre et peu flatteur pour la République, pareille affirmation, en vérité, fait sourire. N'est-ce pas nier l'évidence? N'est-ce pas imiter ces diplomates auxquels Bonaparte disait à Tolentino : « *La République est comme le soleil, aveugle qui ne la voit pas !* » L'expérience a été faite, largement faite, et rien que la première fois pendant une période de neuf à dix années, ce qui nous paraît honnête, et nous savons par des témoins oculaires comment elle a réussi. Il nous est tombé récemment à ce sujet sous la main deux documents entre autres qui nous semblent curieux à reproduire et surtout concluants, parce qu'on ne saurait prétendre qu'ils furent inventés pour les besoins de la cause. Voici le premier :

« Je n'ai jamais vu de nation *moins républi-* « *caine* que la France en 1795. Elle avait pris « en horreur jusqu'à l'égalité, redevenue sa « passion la plus vive. Je me retrace encore ma « surprise en assistant, vers cette époque, à la « représentation d'une pièce que la Convention « expirante laissait ou faisait jouer, parce qu'elle « craignait plus les débris jacobins que le parti « contre-révolutionnaire.

« Un porteur d'eau répétait à satiété sur toutes « les variations d'une musique fort harmonieuse « que *chacun devait demeurer dans son état,* « lui, porter de l'eau, l'épicier vendre son sucre, « le manœuvre travailler, *et tous laisser faire le* « *gouvernement.* »

Est-ce assez net et décisif? Ce qui ajoute à l'autorité du témoignage, c'est le nom du signataire : *Benjamin Constant,* le grand libéral ou libérâtre de la Restauration (1).

L'autre document n'est pas moins significatif,

(1) Benjamin Constant : *Souvenirs historiques.* Revue de Paris, t. XVI.

puisqu'il est tiré des *Mémoires d'un patriote*, d'un homme qui, en 1799, était l'ambassadeur de la République française près de la République batave. Écoutons et méditons son langage :

« Est-ce qu'il n'y a pas eu un moment où nos
« républicains m'ont presque fait croire à leur
« républicanisme?... Comment en douter au
« milieu de cette foule de Spartiates qui, la pique
« à la main, juraient sur leur bouclier noir, au
« maître du tonnerre, Lacédémone éternelle ?
« Comme Lacédémone, la France avait eu ses
« Thermopyles. Napoléon paraît, et pour nos
« jureurs, voilà les fourches caudines. Quelle
« pitié, mon Dieu ! tous ces gens si droits se
« plient en deux, tendent le dos, et, sans pu-
« deur, se laissent patiemment inonder d'une
« pluie de crachats, de décorations, de rubans,
« de duchés, de comtés, de dotations, de ma-
« jorats. La France est épuisée pour eux, pour
« eux l'Europe est en feu, le globe ébranlé. Et
« puis croyez aux écrivains, aux beaux diseurs.
« Je ne crois plus à rien, hors à la vanité des
« hommes. »

« ..... Mais je n'étais pas républicain, moi,
« je ne le serai jamais. Si les Furies vouent
« encore la France aux horreurs d'une répu-
« blique, ce qui est dans les choses possibles,
« celle-ci *sera fédérative*, et *Paris en cendres*,

« *Paris rasé sera le premier exploit du mons-*
« *tre* (1). »

Ainsi s'exprimait l'auteur du livre intitulé :
*Histoire de la Révolution, par deux amis de la
liberté.* Après le dernier paragraphe, pas n'est
besoin de commentaires. Écrites il y a plus
d'un demi-siècle, ces paroles prophétiques sembleraient dictées au lendemain de la Commune
de 1871.

Certes les événements n'ont pas donné jusqu'ici de démenti à Joseph de Maistre, qui, il y
a tantôt quatre-vingts ans, écrivait dans son
livre admirable des *Considérations* cet étonnant
chapitre ayant pour titre : *La République française peut-elle durer?* On sait la réponse.

La *République peut-elle durer?* dirons-nous
aujourd'hui encore, alors que ceux qui se pré-
tendent ses partisans les plus zélés et même les
seuls vrais défenseurs, obstinément fidèles à
une tradition détestable, prennent surtout pour
mot de ralliement l'impiété, l'irréligion, qui est
la ruine de toute morale et de toute vertu? Or,
comme l'a si bien dit l'illustre de Maistre, « la
« République *peut se passer de vertu* moins

(1) Lombard de Langres : *Mémoires anecdotiques
pour servir à l'histoire de la Révolution française*, 2
volumes.

« que toute autre forme de gouvernement. »

Les hommes de 92 n'en prétendirent pas moins donner un démenti à cette parole qui est un des axiomes de la politique. Voici, toujours d'après les témoignages contemporains, quels furent les résultats. Dans le *Courrier français* du 9 novembre 1795, n° 446, page 139, nous lisons : « Il n'y a plus de morale publique : le « plus sordide intérêt, le plus dégoûtant, le « plus mercantile intérêt ont chassé de tous les « cœurs les idées de morale et de vertu. Le « peuple, victime de cette peste qui le dévore, « en devient aussi l'imbécile agent : il agiote... « Le faste, la table, la débauche, la fureur du « jeu se sont emparés des individus ; et dans « cette frénésie universelle, les liens les plus « sacrés sont rompus sans honte ; les liens plus « honteux sont serrés sans pudeur. Les doux « noms de père et d'enfant, de frère et de sœur « ne peuvent plus émouvoir ces âmes hébêtées « par le stupide et féroce intérêt. *Pour ces bri-* « *gands il n'est plus de patrie...* D'avides étran- « gers accourent de toutes les parties du monde « pour profiter de notre dépravation ; *Paris est* « *devenu une forêt.* Tous les voleurs de l'Eu- « rope sont réunis pour exercer impunément le « plus audacieux brigandage... Le gouverne- « ment est environné d'hommes sans patrie,

« sans dieux, sans parents, sans amis, sans
« mœurs, sans conscience, *qui ne font gratui-*
« *tement que le mal* et qui appartiennent au
« premier qui les paie, lorsque la famine au
« dedans et les revers au dehors consternent
« les amis de la liberté. »

Sont-ils patriotes et amis de la liberté ceux
qui, aujourd'hui glorifient, sous prétexte de
République, ces temps comme un autre âge
d'or?

Voilà ce que nous écrivions, il y a moins d'une
année, sous le coup des plus cruelles anxiétés.
Depuis lors, si le pays n'a pas glissé sur la fatale
pente, si de nouvelles catastrophes lui ont été
épargnées, on sait, après Dieu, à qui nous le
devons! non pas certes aux hommes de la gau-
che, mais à la sagesse, au patriotisme intelligent,
à l'inébranlable fermeté des députés de la majo-
rité, admirablement compris et secondés par
cet illustre Maréchal, le héros de Reischoffen,
que notre commune mère, la France, elle aussi,
peut montrer avec orgueil à ses amis comme à
ses ennemis.

Paris. — E. de Soye et Fils, imp., pl. du Panthéon, 5.

www.ingramcontent.com/pod-product-compliance
Lightning Source LLC
Chambersburg PA
CBHW051417060726
47596CB00005B/2259